TH. LHUILLIER.

L'ANCIEN CHATEAU
DE MONTCEAUX EN BRIE

L'ANCIEN CHATEAU ROYAL

DE

MONTCEAUX EN BRIE

PAR

TH. LHUILLIER

VICE-PRÉSIDENT DE LA SOCIÉTÉ D'ARCHÉOLOGIE DE SEINE-ET-MARNE
(SECTION DE MELUN),
CORRESPONDANT DU MINISTÈRE POUR LES TRAVAUX HISTORIQUES,
OFFICIER DE L'INSTRUCTION PUBLIQUE.

PHOTOGRAPHIE ET GRAVURE

MEAUX

A. LE BLONDEL, IMPRIMEUR

LIBRAIRE DE LA SOCIÉTÉ D'ARCHÉOLOGIE DE SEINE-ET-MARNE

1885

Vue et perspective du Château de Versailles du côté de l'entrée en bois

L'ANCIEN CHATEAU ROYAL

DE

MONTCEAUX EN BRIE

PAR

TH. LHUILLIER

VICE-PRÉSIDENT DE LA SOCIÉTÉ D'ARCHÉOLOGIE DE SEINE-ET-MARNE
(SECTION DE MELUN),
CORRESPONDANT DU MINISTÈRE POUR LES TRAVAUX HISTORIQUES,
OFFICIER DE L'INSTRUCTION PUBLIQUE

———————

PARIS

TYPOGRAPHIE DE E. PLON, NOURRIT ET Cᵈ

8, RUE GARANCIÈRE

1885

Ce mémoire a été lu à la réunion des sociétés savantes et des Beaux-Arts des départements à la Sorbonne, dans la séance du 16 avril 1884.

L'ANCIEN CHATEAU ROYAL

DE

MONTCEAUX EN BRIE

A dix kilomètres à l'est de Meaux, au sommet d'un coteau qui s'incline vers la rive gauche de la Marne, d'un côté, vers le ru de Brinches, de l'autre, sont groupées cent cinquante maisonnettes peu distantes de la grande route d'Allemagne. C'est le village de Montceaux (canton de Meaux), petite commune de moins de 500 hectares d'étendue et qui ne compte pas 400 habitants.

Simple hameau dépendant d'une paroisse voisine jusqu'au commencement du dernier siècle, sa seigneurie n'était pas moins très-ancienne, et elle eut son heure de célébrité, grâce à Catherine de Médicis, qui la dota d'un château admirablement situé, décoré avec magnificence et assidûment fréquenté par la cour depuis Charles IX jusqu'à Louis XIV.

Bâtie par les artistes de la Renaissance, restaurée par ceux du grand siècle, chantée par les poëtes, dessinée et gravée par Pérelle, Poilly, Claude Chastillon, Israël Silvestre, érigée en marquisat par Henri IV qui l'offrit à Gabrielle d'Estrées, cette demeure royale a subi le sort de tant d'autres : il en reste à peine quelques vestiges.

De courtes monographies, incomplètes et peu exactes, lui ont été consacrées. C'est ce sujet que nous reprenons pour apporter notre contingent de renseignements historiques et artistiques, puisés la plupart à des sources inexplorées.

A partir de l'époque où Catherine de Médicis, captivée par le site enchanteur de Montceaux, fonda son château, le nom de ce village se trouve mêlé aux événements de l'histoire générale; nous passerons rapidement sur les faits connus, pour insister davan-

1.

tage sur les détails inédits que nous avons pu recueillir dans les Archives ou que nous fournissent les documents originaux qui sont en notre possession.

A diverses reprises, des haches en silex, non polies, ont été trouvées à Montceaux [1], dont le territoire était traversé par une voie gauloise utilisée par les Romains. Il est donc permis de supposer que ce lieu a été habité à une époque très-reculée ; mais son existence est attestée d'une manière certaine dans un document du septième siècle : on conserve aux Archives nationales [2] un diplôme par lequel Thierry III, l'un des fils de Clovis, donne aux moines de Saint-Denis les terres de Montceaux, de Sancy et d'Aulnoy, situées dans la Brie, au pays Meldois.

Les moines aliénèrent Montceaux, qu'un Montmorency possédait cinq siècles plus tard, avec un de ces châteaux à donjon si nombreux au moyen âge. Les vieux chroniqueurs signalent le seigneur de ce village comme un voisin fort incommode. Les possesseurs de forteresses, remarque M. A. Carro dans son *Histoire de Meaux*, « faisaient un peu le métier de brigands, arrêtant les voyageurs sur les routes, pillant les bateaux sur les rivières, attaquant les marchands qui se rendaient aux foires ou en revenaient. Le sire de Montceaux ne se faisait pas faute de tirer parti de la navigation de la Marne ; il était admirablement placé pour exercer la piraterie : de la gorge élevée de la presqu'île dont il occupait l'entrée, il lui était facile de surveiller le rivage de Trilport et celui de Saint-Jean, et de ressaisir à l'un de ces points le bateau qui avait pu tromper sa vigilance à l'autre. Le roi Louis le Gros avait usé sa vie à forcer ces petits tyrans dans leurs repaires et raser leurs remparts, en ne laissant subsister que les donjons, marques du fief, qu'il n'entendait pas abolir. Louis le Jeune, son fils, poursuivit la même campagne. » C'est lui qui attaqua et détruisit le château de Montceaux en 1138, comme il avait fait peu auparavant du château de Montjay.

Plus pacifiques aux siècles suivants, les seigneurs de ce lieu ne nous sont guère connus que par des titres portant mutation d'héritages ou par des procès relatifs à leurs droits féodaux.

---

[1] L'une d'elles a été offerte à la Société d'archéologie de Seine-et-Marne, section de Meaux, dans sa séance du 10 mai 1868.

[2] Série K², n° 12.

Dans une petite charte de 1167, André, Simon et Eudes, fils de Hugues, sieur de Montceaux, vendent avec leur beau-frère Renaud et leur mère Villaine, au prieuré de Reuil en Brie, des biens situés à Dhuisy, moyennant 35 livres et un palefroi [1]. André de Montceaux donne plus tard 18 arpents de bois au monastère de Saint-Fiacre, à charge de services religieux pour les comtes de Champagne et en particulier pour Blanche, comtesse palatine (janv. 1202) [2]. Simon, son frère, avait fait aussi des libéralités à l'Hôtel-Dieu de Meaux. Mais dès l'an 1190 un Geoffroi se qualifie seigneur de Montceaux ; en sa présence et en présence de Guillaume d'Aulnay, de Rancia, sa mère, d'Hubert, maire de Montceaux, Robert Bolot, maire de Compans, vend 6 arpents de terre à l'Hôtel-Dieu de Paris [3].

Un arrêt du Parlement du 6 avril 1315 nous apprend que cette seigneurie était alors aux mains de Guillaume Flotte, chevalier, fils du chancelier de Philippe le Bel. L'évêque de Meaux obtient condamnation contre lui pour avoir chassé le cerf dans les bois dépendant de son domaine [4].

Trente ans plus tard, Gaucher de Châtillon, seigneur de Crécy en Brie, connétable de France, ayant acquis les droits des héritiers de Guillaume Flotte, céda Montceaux et Lumigny à un chambellan du duc d'Anjou, à Bernard de Dormans, dont le frère fut évêque de Meaux et mourut archevêque de Sens en 1404. L'évêque Guillaume de Dormans, héritier de Bernard, devint à son tour seigneur de Montceaux, de Lizy et du Plessis-aux-Bois ; malgré la dignité dont il était revêtu, ce prélat avait un fils naturel légitimé, prénommé Guillaume comme lui, auquel échut la terre de Montceaux [5], qui appartenait encore à une dame de Dormans en 1487 [6].

Un vieux manoir, modeste, délabré, occupait alors la place du château redouté du sire de Montmorency. C'était, en 1498, la paisible

[1] Dom Toussaint Duplessis, *Histoire du diocèse de Meaux*, II, p. 56.

[2] Ansart de Taupon, *Histoire de Saint-Fiacre*, 1784, in-12.

[3] Arch. de l'Assistance publique de Paris.

[4] Arch. de Seine-et-Marne, G. 25. — Le chancelier Pierre Flotte fut tué à la bataille de Courtrai (1304), en laissant entre autres enfants : Guillaume dont il est ici question, et Françoise, mariée à Bompar de Montmorin, conseiller au Parlement, bailli de Meaux, mort en 1337.

[5] Le P. Anselme, *Dictionn. général*, VI, p. 334.

[6] Arch. de Seine-et-Marne, G. 26.

demeure d'un gentilhomme nommé Michel Saligot, seigneur de Montceaux et de Montretout, scribe de la conservation des privilèges de l'Université.

Plus pieux que riche, ce seigneur entretenait difficilement ses bâtiments, et pourtant il éleva « une chapelle de maçonnerie au-dedans du pourpris et circuit de la cour de son château ». L'acte de fondation, du 20 janvier 1504, porte que la nouvelle chapelle, à la collation de l'évêque, est établie en l'honneur de Notre-Dame, de saint Claude et de saint Antoine [1]; qu'un chapelain y célébrera la messe au moins le dimanche « pour la commodité des habitants du village, séparés de toute église de plus de demie lieue ou environ de mauvais chemins ».

Quelques années après, le fondateur avait rendu son âme à Dieu, car c'est son fils Arthus qui comparut en 1509 à la publication de la coutume de Meaux.

Montceaux ne comptait pas trente feux quand Catherine de Médicis, mariée en 1533 au Dauphin qui devait régner sous le nom de Henri II, devint reine de France (1547). Nous ne saurions dire par suite de quelles circonstances elle acquit cette terre de Jean de la Guette et de Marie Saligot, sa femme, héritière d'Arthus, et conçut le dessein, sous l'impression des premières splendeurs de la royauté, d'y construire un château où elle entendait résider.

Les architectes rasèrent les vieux bâtiments, les ruines du donjon, à peu près tout ce qui restait de l'ancien appareil féodal, ne conservant que la chapelle; et, comme le disent les Mémoires de l'Intendant de Paris, rédigés vers 1695, d'une place toute champêtre on fit une maison vraiment royale, entourée de beaux jardins. Un parc fut planté derrière, s'étendant d'abord sur 80 arpents joignant les bois de Meaux.

Cette heureuse transformation fut l'ouvrage de dix années; Catherine préludait ainsi à la construction de l'hôtel de Soissons et du palais des Tuileries.

Tous les écrivains qui se sont occupés du château de Montceaux

[1] Dom DUPLESSIS, *Hist. du diocèse de Meaux*, II, p. 269. — Cette chapelle, qui subsista après la reconstruction du château, est aujourd'hui l'église de la paroisse; elle a seulement changé de patrons et adopté, depuis près de trois cents ans, Notre-Dame et saint Louis,

en attribuent la construction à Salomon de Brosse, prénommé à tort Jacques jusqu'en ces derniers temps. L'architecte de Brosse aurait construit Montceaux pour Gabrielle d'Estrées, et quelques biographes ajoutent que c'était un de ses plus beaux ouvrages.

La gloire de Salomon de Brosse dût-elle en souffrir, c'est là une erreur qu'il nous faut relever.

Montceaux était entièrement édifié depuis près d'un demi-siècle quand il passa aux mains de Gabrielle, qui n'y a rien ajouté, et l'architecte de Brosse naissait à Verneuil-sur-Oise vers 1560 [1], à l'époque où Catherine de Médicis voyait achever son château. Plus tard, cependant, de Brosse devenu architecte de Marie de Médicis, seconde femme de Henri IV, fut employé en cet endroit; mais c'est vers 1615, comme nous le verrons tout à l'heure, et seulement pour diriger de menues restaurations et pour construire un jeu de paume. De là, sans doute, l'erreur généralement accréditée.

Quant à l'auteur des plans primitifs, au créateur du château de Catherine, où les ouvriers se succédèrent de 1549 à 1560, quel est-il?

Nous avions d'abord pensé à Philibert Delorme, entretenu par Henri II et Catherine pour l'embellissement de Fontainebleau, pour la construction d'Anet et des Tuileries, employé avec le Primatice pour l'exécution du mausolée de François Ier et la création du château de Meudon. Mais Philibert s'est chargé lui-même de nous détromper. Il avait imaginé un système de charpente pour les couvertures, solide, léger, économique, devant-remplacer avec avantage les charpentes massives qui embarrassaient les combles et fatiguaient les murs. On voit dans son livre des *Nouvelles Inventions pour bien bâtir* (Paris, 1578, in-4°) qu'il proposa d'appliquer ce procédé au jeu de paume projeté à Montceaux par un de ses confrères, quand il sut que le devis de la dépense des couvertures avait seul fait ajourner le travail. On tenta l'essai du système nouveau — début de la mansarde — au château de la Muette, mais le jeu de paume de Montceaux resta en projet.

Philibert Delorme n'était donc pas l'architecte de Montceaux.

Cet architecte, c'était le Primatice.

J'avais déjà remarqué dans le compte des bâtiments pour la

[1] M. Ch. READ, *Mém. de la Société des Antiquaires de France,* 1880, 5e série, t. I, p. 116.

période de 1540 à 1550 la mention d'un payement fait à Francisque Primadicis, peintre et architecte, pour les travaux du Roi à Fontainebleau et pour ceux « de la Reine à . . . en Brye ». Le nom était resté en blanc.

J'ai maintenant la preuve, — et c'est là un fait entièrement nouveau, — que le Primatice dirigeait encore en 1560 l'achèvement des ouvrages de Montceaux. Le 9 mars 1559, avant Pâques, Francisque Scibect, menuisier du Roi à Paris, un de ces ouvriers artistes, menuisier et sculpteur, comme en a produit le seizième siècle, comparaît devant deux notaires et souscrit l'engagement envers Robert de Beauvais, procureur général de la Reine mère du Roi en sa chambre des comptes et contrôleur de la ville de Paris, stipulant en l'absence de M. l'abbé de Saint-Martin, de fournir des portes, des fenêtres de 12 pieds de haut, des châssis, des boiseries, le tout pour le château de Montceaux, selon le devis arrêté par le sieur de Beauvais et l'abbé de Saint-Martin.

Ce marché sur parchemin, revêtu de l'approbation de la Reine, est en ma possession; il relate un traité provisoire conclu antérieurement[1] et signé : Francisque Scibert, de Beauvais et Bologna, abbat. de Sancte-Martino.

L'abbé de Saint-Martin, François de Bologne, n'est autre que le Primatice, gratifié par François Ier du prieuré de Bréquigny et de l'abbaye de Saint-Martin-ès-aires de Troyes [2]. Il apparaît sous ce nom de M. de Saint-Martin dans les actes paroissiaux d'Avon-Fontainebleau et au titre du Recueil de ses peintures de la galerie d'Ulysse, gravé par Van Theulden et publié en 1633 [3].

Le menuisier Scibect n'est pas non plus un inconnu : il avait travaillé au palais de Fontainebleau de 1538 à 1558, et il figure dans les comptes de la maison de François Ier sous les noms de Fran-

---

[1] Dans l'intervalle, Le Primatice avait été nommé surintendant des bâtiments du Roi, en remplacement de Philibert Delorme et de Jean Delorme, son frère, aux gages de 1,200 livres.

[2] Cette abbaye valait 8,000 écus de revenu. L'usage s'était introduit de récompenser ainsi les services artistiques : Pierre Lescot était abbé de Clermont, Philibert Delorme, abbé de Saint-Éloi de Noyon, etc.

[3] *Les travaux d'Ulysse dessignez par le seivr de Sainct Martin, de la façon qu'il se voyent dans la maison royalle de Fontaine Bleau, peinctz par le sieur Nicolas et gravez en cuivre par Théodore Van Tvlden;* Paris, Tavernier, 1633, petit in-f° oblong, 58 planches. — Il existe une autre édition : Paris, L'Anglois, 1640.

çois Scibec, Francisque Seybecq, dit del Carpy, menuisier italien [1].

L'amour des arts et des artistes était inné chez la fille des Médicis, remarque Vatout dans ses *Souvenirs des résidences royales*. Il faut reconnaître en effet l'heureux choix des talents de toute sorte qu'elle sut distinguer, en encourageant Ronsard, en conférant le cordon de Saint-Michel à Montaigne, en protégeant des émailleurs comme della Robbia et Léonard Limosin, des artistes comme le Primatice, en donnant enfin Jacques Amyot pour professeur à ses fils.

Entre les mains du Primatice, le château de Montceaux, avec l'agrément naturel qu'il tirait de sa situation, ne pouvait manquer d'être une petite merveille.

Il présentait un carré long à quatre faces, entièrement isolé, avec une grande cour au milieu, et occupait une superficie de 1650 toises. Précédé vers l'est d'une avant-cour, dans laquelle se trouvaient les communs, de jardins et parterre, c'était une élégante construction en pierre de taille, à la toiture élevée, couverte d'ardoises, ayant sous-sol, rez-de-chaussée très-exhaussé, un premier étage et des combles. De l'extérieur on voyait se développer les deux rangs de larges fenêtres à meneaux prismatiques, disposés en croisillons; l'intervalle séparant les deux étages était marqué par la saillie d'un ressaut entrecoupé d'une large frise, semée de cercles et d'emblèmes au-dessous de chaque appui d'ouverture. Au centre de la façade donnant sur le parterre et l'avant-cour, s'avançait légèrement un gros pavillon carré, à porte monumentale, plus élevé que le reste de l'édifice et surmonté d'un lanternon. Par cette porte, au-dessus de laquelle était un écu sculpté soutenu par deux génies, les carrosses pénétraient jusqu'à la cour intérieure. Au fond de la cour, un semblable corps de logis, d'une architecture plus recherchée, réunissait dans sa façade trois ordres de colonnes, doriques, ioniques et corinthiennes, avec un autre gros pavillon au centre, élevé de deux étages et combles, couvert en dôme allongé s'arrondissant aux angles. Dans ce pavillon s'ouvrait le cintre d'une entrée, sorte de portique à pilastres aux fûts cannelés avec annelures rudentées, aux chapiteaux de l'ionique de fantaisie propre aux architectes de la Renaissance.

---

[1] CHAMPOLLION, *le Palais de Fontainebleau*, p. 135, 141, 213, 246.

L'entre-colonnement de la façade était occupé par des niches avec cartouches aux bases et aux extrados des cintres, où régnait le bossage; dans les cartouches, le sculpteur avait placé des figures allégoriques, des chiffres et des emblèmes, — ces croissants entrelacés, où l'on a voulu voir le chiffre amoureux de Diane de Poitiers joint à l'H initiale du nom Henri II.

Une aile de chaque côté reliait les deux façades, et l'ensemble constituait quatre vastes corps de logis distincts, renfermant une soixantaine de chambres et plusieurs galeries.

Dans les sous-sols voûtés, desservis par cinq escaliers de pierre, se succédaient vingt-neuf caves et caveaux, les cuisines, la boulangerie, etc.

En pénétrant au rez-de-chaussée du château, par la première façade, on trouvait d'un côté du passage pour voitures le grand vestibule ou galerie à arcades bossagées, de l'autre la salle des gardes et une salle basse qui fut plus tard convertie en chapelle; le surplus du rez-de-chaussée comprenait dix-sept pièces et des écuries. Au fond, deux larges escaliers en pierre taillée conduisaient au premier étage, où étaient d'abord la galerie des fêtes et la salle de comédie. Partout ailleurs de petites galeries très-ornées alternaient avec les appartements d'habitation. Les chambres assez nombreuses ménagées dans les combles étaient lambrissées à poutres apparentes, et prenaient jour au moyen de fenêtres-lucarnes à pinacles et d'œils-de-bœuf supportés par des guirlandes taillées dans la pierre.

Plusieurs des artistes qui décoraient alors Fontainebleau ont dû travailler à Montceaux, où nous savons tout au moins que le sculpteur Michel Gaultier et les peintres Saget et Dumonstier furent occupés, le premier à orner les galeries, les autres a peindre des arabesques au plafond des salles de réception.

Le château s'élevait sur une esplanade limitée par une balustrade de pierre sculptée et au delà par des fossés secs et pavés, de 60 pieds de large. Un pavillon à deux étages flanquait encore les quatre angles des fossés, sur lesquels avaient été construits des ponts en pierre, pour relier l'avant-cour et les jardins au château. Le premier pont, à l'entrée du domaine en face de l'allée de Saint-Jean, se fermait par une grille accostée de deux tourelles ou pavillons en rotonde, servant de corps de garde.

Un escalier de pierre à double rampant, accompagné de balustres sculptés, donnait accès à l'esplanade du côté opposé.

Au sud-est du château et bordant l'avant-cour, se trouvaient d'autres constructions importantes, mais d'aspect assez modeste, appelées le gouvernement, c'est-à-dire la résidence du gouverneur; elles faisaient suite à l'ancienne chapelle conservée près de l'une des entrées du domaine. Ce corps de logis, en pierres et briques, élevé d'un étage au-dessus du rez-de-chaussée et de combles couverts en ardoises, flanqué d'une aile en retour, était précédé aussi d'une cour; un gros pavillon à deux étages, formant attique et couvert d'un comble en croupe, reliait entre eux l'aile et le bâtiment principal, qui comprenaient encore une cinquantaine de pièces habitables.

Derrière venaient les jardins, vers le nord et l'ouest s'étendaient le grand et le petit parc percés d'allées en étoiles [1]. Enfin, un peu à l'écart, c'était l'hôtel de la capitainerie des chasses, ajouté après coup; et plus loin, du côté du village, on avait relégué les chenils, composés de quatre bâtiments à bas étage, couverts en chaume et clos de murs.

« La façade principale du château donnant sur un jardin fort orné, dit M. Carro (*Hist. de Meaux*), n'avait qu'une perspective riante, mais peu étendue, sur les coteaux de Brinches et de Fublaines. L'aile qui regardait le couchant dominait un site ravissant : au premier plan, le parc s'inclinant sur la pente douce de la vallée, au dela de ses cimes verdoyantes, Trilport, le cours de la Marne, Meaux et sa plaine encadrée de riches coteaux; à droite, au delà des pentes occidentales des bois de Meaux, les plateaux du Mullien, et par-dessus tout cela les buttes de Penchard, de Monthyon, de Montgé, de Dammartin, de Montméliant se succédant, s'étageant jusqu'aux limites indécises entre le ciel et l'horizon, limites qui, en s'inclinant un peu à gauche, vont jusqu'à Saint-Germain en Laye [2]. »

Dans le parc, plusieurs sources fournissent des eaux abondantes [3], qu'on avait pensé à aménager pour ouvrir un canal, se

---

[1] Autour du petit parc il y avait encore cinq pavillons.

[2] La tradition prétend que lorsque Henri IV était à Saint-Germain et Gabrielle à Montceaux, il y avait entre eux, le soir, une correspondance de signaux. La distance est de près de 16 lieues.

[3] Le nom de Montceaux viendrait-il de ces eaux, *mons aquæ*, comme quelques-

poursuivant au bas de la côte jusqu'à la Marne. A l'époque de Henri IV, deux de ces sources ont été appelées, l'une les *bains de Gabrielle,* l'autre fontaine *Henriette,* deux noms qu'elles ont conservé.

En 1558 on travaillait encore à la construction du château, mais on l'avait mis en état d'être habité. La Reine commence à s'y installer; elle fait venir de la ville de Tours 2,000 pieds d'arbres fruitiers à 4 sols pièce et 300 pieds de lauriers à 18 sols; Denis Thibaut, le fournisseur, est mandé pour les planter dans le parc. Elle achète des levreaux pour peupler les garennes. Ces achats figurent au compte tenu, pour 1558, par Claude de Beaune, dame de la Reine, ayant la garde de ses coffres [1]. Il se trouve également là d'autres dépenses pour Montceaux (ou Monceaulx, comme l'écrivait Catherine de Médicis) : le payement à Jean Foucault, doreur sur cuir, de 300 livres pour une « tente de chambre sur cuir de mouton, frize de figures »; à Benoît Leboucher, fondeur, 120 livres pour des chenets; à Jacques Conte, 60 livres pour deux grands chandeliers de salle; à Priamus Lucas, peintre à Paris, 4 livres 10 sols, pour avoir pourtraict en parchemin le parterre du cloz de Port-Maille.

Le compte du receveur de l'écurie de la Reine pour 1557-1558, conservé aux archives de la Seine-Inférieure [2], des fragments relatifs à 1559 que j'ai recueillis, nous montrent aussi Catherine de Médicis faisant transporter à Montceaux des meubles, des tables de jeu, des tapisseries, le portrait du Roi exécuté par Nicolas Rebours, peintre ordinaire de la cour.

Malgré la richesse relative des châteaux royaux au seizième siècle, les objets d'ameublement et de décoration n'étaient pas partout suffisants pendant le séjour des princes; on les transportait d'un lieu à un autre à mesure des déplacements. Ces voyages ne se faisaient pas sans grands embarras et sans dépenses, quand le

uns le prétendent? D'autres tiennent pour *montis cellœ,* qui indiquerait l'existence de grottes ou boves, creusées au flanc des collines et où logeaient les peuplades primitives qui ont dû vivre dans la contrée. Ce n'est pas ici le lieu de discuter ces étymologies.

[1] M. H. DE LA FERRIÈRE, *Introduction aux Lettres de Catherine de Médicis,* publiées dans la collection des *Documents inédits sur l'histoire de France.*

[2] Une étude sur ce compte a été donnée par M. DE BEAUREPAIRE, archiviste, dans les *Mém. de l'Académie de Rouen,* 1881.

train suivait : on ordonnait des levées de chevaux et de paysans. L'admiration de Brantôme pour l'importance du train de la maison de la reine Catherine n'était peut-être pas partagée par les habitants des villages qui supportaient le poids de ces réquisitions, mais l'historiographe des dames galantes déclare que le temps et la vue des autres cours n'ont pu affaiblir son sentiment à cet égard.

Au mois de mars 1558, on porta de Paris à Montceaux, sous la conduite de Guesdon, capitaine du charroi, des chenets, des tentures, des lits, une garniture de lit en toile d'argent avec neuf pièces de tapisserie, qu'on enleva quand la Reine partit pour rejoindre Henri II à Fontainebleau. Dans le courant de mai les meubles reviennent à Montceaux, où le Roi est attendu. Catherine voyage en carrosse, — une nouveauté à cette époque, — elle visite Crécy avec le Roi, puis Fontenay, Dammartin, le couvent de Faremoutiers, qui avait alors pour abbesse Antoinette de Lorraine, fille du duc de Guise ; les objets mobiliers les plus indispensables la suivent partout. Au mois de juin, nouveau voyage à Montceaux, et de là à Faremoutiers ; toujours des tapisseries, des tentures et des lits font partie du train qui l'accompagne.

Le compte de l'écurie de la Reine fournit une petite particularité à noter en passant. Les melons étaient rares en France et recherchés : au mois d'août 1558, Catherine dépêcha tout exprès un laquais à son jardinier du château de Crécy en Brie, pour apporter des melons à Montceaux. Elle était venue là avec Antoine de Gondi, son maître d'hôtel, et madame de Gondi, Marie-Catherine de Pierrevive, dame de Lésigny, qui avait sa confiance, gouvernait ses enfants et commandait les faïences royales à Bernard de Palissy.

C'est pendant ce voyage de la cour que Dandelot, colonel général de l'infanterie, frère de Coligny et du cardinal de Chastillon, tous partisans de la réforme, voulut abjurer publiquement le catholicisme et tint à Montceaux, devant Henri II, certains propos malséants contre l'Église. Le Roi, exaspéré, le menaça la lance à la main ; Dandelot esquiva le coup, mais Le Hardy de La Trousse, grand prévôt de l'hôtel, dut le conduire prisonnier à l'évêché de Meaux, puis au château de Melun, d'où il ne sortit qu'en perdant sa charge de colonel.

La réforme florissait à Meaux, l'influence de ses adeptes s'étendait et suscitait des troubles dans la contrée. Le Roi parlait d'infliger aux luthériens de cette ville un traitement exemplaire, en brûlant et rasant tout un quartier qui était leur refuge. Heureusement Catherine de Médicis, depuis peu comtesse de Meaux, obtint qu'on sommerait simplement les habitants de vivre en bons catholiques. Mais ceux-ci avaient eu connaissance des premières dispositions et s'apprêtaient à la résistance; une conspiration s'était organisée, dont faisaient partie un fanatique de vingt-trois ans, nommé Caboche, scribe attaché aux secrétaires d'État et fils d'un ancien sergent à cheval de la prévôté de Meaux. Caboche attendit le Roi à la sortie de la chapelle du palais, à Paris, tira l'épée devant lui et faisait mine de frapper, quand il fut arrêté par les gardes, conduit à la Conciergerie, jugé sommairement et pendu le soir même aux halles. Ceci se passait au mois de septembre 1558. Henri II partit aussitôt pour Montceaux, regrettant, dit-on, cette exécution précipitée : clémence platonique, en tout cas, car les huguenots meldois furent plus malmenés que jamais. Seize d'entre eux, condamnés à mort l'année suivante, durent s'enfuir à Genève pour éviter le bûcher ; ils furent brûlés en effigie et leurs partisans s'armèrent ouvertement. Meaux et sa banlieue devinrent le théâtre de petits combats ; les religionnaires s'attaquèrent aux églises, aux couvents, brisant les ornements, décapitant les statues et faisant subir aux édifices des mutilations dont le portail de la cathédrale de Meaux a conservé la trace.

Au milieu de ces luttes ardentes, Catherine justifiait sa réputation dont le faste et l'astuce sont restés les traits saillants ; elle menait de front plusieurs intrigues politiques et ne continuait pas avec moins de calme et de persévérance l'achèvement de ses travaux à Montceaux, devenu au même degré que Saint-Germain en Laye sa demeure de prédilection.

Veuve le 10 juillet 1559, à trente-neuf ans, elle voit, l'année suivante, mourir son fils François II. Charles IX, son second fils, n'était qu'un enfant de dix ans ; elle s'empare du pouvoir en s'attribuant la régence, avec Antoine de Navarre pour lieutenant général du royaume (décembre 1560), et quelques mois plus tard la cour se réunit à Montceaux, nombreuse et brillante, pour aller faire sacrer le jeune roi à Reims.

Si Catherine de Médicis aimait la Brie, où elle passait une

partie de l'année, elle ne négligeait aucune occasion d'y accroître ses possessions propres. Des lettres patentes du 1er juillet 1558 lui avaient accordé la ville de Meaux, pour en jouir à titre de comté; le 14 mai 1562, elle obtient la confirmation à son profit, pour tenir lieu de sa dot et de son douaire, de plusieurs autres domaines comme les comtés de Melun, de Moret et la châtellenie de Crécy.

Nous constatons sa présence à Montceaux presque à chaque mois de cette année 1562, tantôt avec Antoine de Navarre, tantôt avec Gonnort, frère du maréchal de Brissac. Elle y reçoit de nombreuses visites de diplomates, de courtisans, de gens d'église; l'un de ces derniers, chanoine de Meaux passé au camp des huguenots, lui vendit même des joyaux de prix, qu'il avait dérobés à la cathédrale et que la Reine dut restituer un peu plus tard [1].

C'est là aussi que le prince de Condé, après avoir ouvert son château de la Ferté-sous-Jouarre aux conférenciers du parti protestant, se présenta devant la Reine mère avec Francœur et Théodore de Bèze pour demander justice contre le duc de Guise et les auteurs du massacre de Vassy.

Tout en laissant Guise entrer triomphant dans Paris, Catherine semble se tourner du côté des calvinistes, puis elle hésite, correspond secrètement avec leurs chefs; mais Condé, Coligny, d'Andelot, le vicomte de Rohan rassemblent leurs troupes à Meaux et font publiquement « la cène à la huguenote » le jour de Pâques, sur le Pré des Mortiers; ensuite, se dirigeant sur Orléans, ils s'emparent vivement d'un certain nombre de places.

La Reine réunit à Montceaux le conseil privé, mande de nombreux officiers et les archers des gardes pour la sûreté du château. Le 27 mai, Charles IX est conduit à Meaux; le roi de Navarre et le cardinal de Bourbon l'accompagnent à une procession solennelle, à laquelle les principaux habitants, protestants et catholiques, prêtent serment de fidélité. On croit avoir apaisé les divisions de la population meldoise. Au contraire, les huguenots relèvent la tête assez hardiment pour motiver l'envoi d'un gouverneur de ville capable de calmer les esprits et d'agir au besoin. La tâche était ingrate. Joachim de Montluc, sieur de Lihout [2], à peine installé,

---

[1] Dom DUPLESSIS, *Histoire du diocèse de Meaux*, I, p. 363.
[2] Joachim de Montluc, sieur de Lihout (Vaucourtois), frère du maréchal Blaise de Montluc.

se retire pour faire place à Christophe des Ursins; celui-ci se tient
à Montceaux, chez la Reine mère, où, « loin de s'embarrasser des
affaires publiques, il goûte nonchalamment le repos d'une vie
oisive [1] ». Le 21 septembre, des Ursins est remplacé par Claude
Gouffier de Boissy, grand écuyer, qui fait raser la forteresse du marché de Meaux et ramène le bon ordre, au moins momentanément.

Le château de Montceaux, place absolument sans défense,
entourée de fossés par tradition, allait aussi avoir son capitaine-
gouverneur particulier. En 1564, Abraham de Lamotte, écuyer,
seigneur de Ville, gentilhomme servant de la Reine mère, est
installé « en l'état de panetier et capitaine de Montceaux », avec
400 livres tournois de gages [2].

Coligny et Dandelot, profitant du traité d'Amboise, se rapprochent
peu à peu de la cour. Au mois d'avril 1566, sans abandonner la
direction du parti huguenot, ils parcourent la Brie en compagnie
du Roi et du duc d'Anjou; le 26, on signe en leur présence à
Montceaux le contrat de mariage de Jacques de Savoie, futur duc
de Nemours, avec Anne d'Est, veuve du duc de Guise.

L'année suivante, à la fin de septembre, eut lieu ce coup de
main si connu tenté par Condé, Coligny, Dandelot et La Roche-
foucauld, pour s'emparer de Charles IX, à Montceaux, « où l'on
ne parlait que de passer le temps et aller à la chasse, où lors il
n'y avait pas un seul homme armé, où la plupart encore n'avaient
que des haquenées [3] ». La date choisie pour cette surprise était la
veille de Saint-Michel, à cause de la tenue du chapitre de l'Ordre
du Roi, où les conjurés espéraient faire bonne capture et tirer
rançon des chevaliers. Mais le monarque, prévenu par Castelnau,
s'avança jusqu'à Meaux avec ses frères, sa mère et les dames de la
suite, tandis que Condé était attardé par ruse à Rozoy, ce qui
permit à quelques milliers de suisses, commandés par Pfeiffer,
d'arriver de Château-Thierry pour servir d'escorte à la cour
jusqu'à son entrée dans la capitale. Les troupes calvinistes se por-
tèrent néanmoins en avant, attaquèrent à Messy des cavaliers qu'ils
rejoignirent et allèrent audacieusement bloquer Paris.

L'odieux massacre de la Saint-Barthélemy vint mettre le

---

[1] Dom DUPLESSIS, *Histoire de Meaux*, I, p. 361.
[2] Collection de l'auteur.
[3] *Mém. de Castelnau.* — Voir Tavannes, Cheverny, Pasquier, etc.

sceau à la politique tortueuse et sanglante de cette époque.

Charles IX ne survécut pas longtemps aux horreurs de cette journée, dont la ville de Meaux subit le contre-coup, et bientôt Henri III, troisième fils de Catherine, quittait le trône de Pologne pour recueillir la couronne de France.

La Reine mère faisait encore bâtir et planter à Montceaux. Depuis la mort du Primatice (1570), la direction des bâtiments royaux avait été confiée à Jean Bullant, l'architecte des Tuileries; après lui, en 1578, Catherine commit Jean Potier « pour avoir la surintendance, maîtrise et l'œil » sur les bâtiments de Saint-Maur, de Montceaux et de sa maison de Paris (l'hôtel de Soissons), à raison de 500 livres de gages [1].

A cette époque, les bâtiments dits du gouvernement, à Montceaux, s'achevaient péniblement; la misère des temps se faisait sentir jusque chez la Reine mère [2] et chaque année davantage, lorsque celle-ci s'éteignit, au mois de janvier 1589, après avoir vu les villes et les campagnes épuisées par d'énormes tailles, les champs restés incultes, abandonnés par les laboureurs qui cherchaient un refuge dans les places fermées, la Brie dévastée de tous côtés par les reîtres, les lansquenets, les Suisses, les vagabonds armés de tous les partis [3].

Henri III, dernier des Valois, la suivit de près; poignardé par Jacques Clément, le 31 juillet de la même année, il expira en désignant pour lui succéder son beau-frère Henri de Bourbon, roi de Navarre. Mais la Ligue refusa de se soumettre à un prince hérétique, et Henri IV dut guerroyer pour régner.

Dès qu'il eut obtenu la soumission de la ville de Meaux (1er janvier 1594), il jeta les yeux sur le château de Montceaux, alors sous la garde du capitaine Guillaume de Baradat, seigneur de Damery et Fleury, et résolut d'acheter ce domaine pour y installer sa maîtresse, la belle Gabrielle d'Estrées.

Mademoiselle d'Estrées y arrivait en effet quelques mois après,

---

[1] Le marquis de Laborde; Comptes des bâtiments du Roi.

[2] Des lettres patentes du 25 juillet 1578, signées de Henri III, autorisent Catherine de Médicis à vendre sous faculté de rachat la châtellenie de Crécy, à la réserve de la forêt; cette permission est basée sur la détresse de la Reine mère. (Arch. nationales, P. 2198.)

[3] Félix Bourquelot, Histoire de Provins.

2

avec son fils nouveau-né, César, depuis duc de Vendôme, tandis que le Roi traitait avec les héritiers de Catherine.

De ce jour les voyages de Henri IV dans la Brie se renouvelèrent fréquemment ; sa correspondance prouve qu'il y menait de front ses plaisirs et les affaires de l'État. Son ingénieur Bartholomeo Ricard, appelé à Meaux pour réparer les fortifications[1], avait dû commencer par établir un chemin carrossable pour arriver à Montceaux.

L'adjudication de cette terre au nom de Gabrielle exigea des délais assez longs. En attendant, celle-ci fut faite néanmoins marquise de Montceaux ; elle acquit aussi la jouissance du château de Crécy en Brie, que Catherine avait engagé en 1586 à Marc Miron, médecin de Henri III. Miron céda ses droits le 21 mars 1595, moyennant 20,000 écus[2].

Deux mois après, Henri IV était chez Gabrielle avec Lugoli, grand prévôt de l'hôtel, qui eut l'occasion d'y exercer son office ; sur le livre de compte de l'Hôtel-Dieu de Meaux pour cette année 1595, se trouve consignée une recette de 40 écus sol, en ces termes : « De M. de Lugolly, pour deux amendes esquelles deux rémissionnaires jugez par le prévost de l'hostel lorsque le Roi estoit à Mousseaulx, ont esté condempnez envers les pauvres malades de la contagion et dudit Hostel-Dieu… [3]. »

A la Fête-Dieu, le monarque, pourvu de l'absolution de Rome, voulut faire acte de catholicité : il assista à la procession de la cathédrale de Meaux avec MM. de Guise, d'Elbeuf, de Grammont et plusieurs autres gentilshommes.

De son côté, Mayenne, après avoir eu dans Paris la puissance d'un roi de France, sentait chanceler les bases de son parti et songeait à faire la paix. C'est à Montceaux qu'eut lieu la réconciliation de Henri et du chef de la Ligue, dans une entrevue restée

---

[1] Bartholomeo Ricard recevait cent écus sol par mois pour son état d'ingénieur à Meaux. (Collection de l'auteur.) Mais il paraît qu'en 1597 il était mal payé, car il s'en plaignit au Roi à Montceaux. (*Lettres missives de Henri IV*, t. IV, p. 792.)

[2] L'acte notarié a fait partie de la collection Lucas de Montigny ; il est cité dans l'*Amateur d'autographes*, 1865, p 250. — Crécy en Brie passa au fils aîné de Gabrielle qui, en 1601, portait les titres de seigneur de Crécy, duc de Beaufort et marquis de Montceaux (Arch. nationales, Q. 1415.) Cette terre n'a pas appartenu, comme on l'a dit quelquefois, à madame de Pompadour, — qui fut dame de Crécy-Couvé en Beauce.

[3] Arch. de l'hôpital de Meaux ; E. 82.

célèbre, pour laquelle Gabrielle avait tout préparé, voulant que la démarche du ligueur fût entourée du prestige d'une fête, qui ne laissât place ni aux regrets ni à l'amertume de sa soumission. Le 30 janvier 1596 arrivèrent dans le village une cinquantaine de musiciens, de comédiens, de cuisiniers, qu'on logea chez les habitants, et le lendemain à midi Mayenne vint à cheval, avec six gentilshommes pour toute suite.

On connaît les détails de l'entrevue dans le parc, la promenade à grands pas, dernière vengeance du Béarnais, prenant plaisir à essouffler son compétiteur obèse et goutteux en lui faisant gravir une longue allée vallonnée, qui conserva le nom d'allée de Mayenne. La tradition veut que le visiteur épuisé finit par demander grâce : « Touchez là, mon cousin, dit malicieusement le Roi, vous ne recevrez d'autre déplaisir de moi. »

Le parc en cet instant se peupla de bergers et de divinités champêtres, pour la représentation d'une comédie allégorique composée tout exprès par le poëte Sigogne; il y eut ensuite dîner, ballet, feu d'artifice et souper.

Le héros de la fête promit fidélité et tint parole.

Le 26 avril suivant, l'adjudication de la terre de Montceaux était régularisée au profit de la nouvelle marquise [1]. Une justice-prévôté y était attachée avec un tabellionnage; il y eut désormais un notaire royal. On ajouta une juridiction particulière, une capitainerie des chasses dont le ressort s'étendit à deux lieues en tous sens autour du château [2] ; du même coup fut supprimé le privilége qu'avaient les habitants de la châtellenie de Meaux de chasser à cor et à cri, à tous harnois et engins dans la forêt du Mans.

Les capitaineries comptaient, non sans raison, parmi les institutions les plus impopulaires de l'ancien régime; celle de Montceaux donna lieu aux plaintes incessantes des laboureurs, à des contestations avec les seigneurs voisins, à des procès sur les limites, qui se perpétuèrent jusqu'à la suppression des capitaineries, à la Révolution [3].

---

[1] Il avait fallu poursuivre la saisie et la vente des biens de Catherine de Médicis. L'adjudication eut lieu par décret, au Parlement de Paris, le 27 mars 1596; Élie du Tillet se fit déclarer adjudicataire et passa déclaration au nom de Gabrielle d'Estrées le 26 avril suivant.

[2] C'est ce que rappelle une ordonnance du 20 octobre 1666.

[3] Arch. de Seine-et-Marne, C. 513, f⁰ 78.

2.

Le 25 juin 1596, Henri IV vient du camp d'Amiens pour voir la marquise de Montceaux ; il revient vers le 10 juillet, donne des fêtes et reste chez elle jusqu'à la mi-septembre [1]. On l'y retrouve en septembre 1597 et pendant plusieurs mois de l'année suivante. Il amène volontiers à Montceaux non-seulement ses favoris et ses ministres, mais encore tous ses visiteurs de marque et jusqu'aux ambassadeurs étrangers. Ainsi, au mois de juin 1598, après la paix de Vervins, l'ambassadeur d'Espagne, un grand du royaume, est reçu par Gabrielle et logé au château. En parcourant le parc avec lui, Henri IV s'étant couvert, l'Espagnol en fit autant ; surpris de ce sans façon, le Roi dit à M. le prince, à Mayenne et à d'Épernon qui les suivaient, de se couvrir également. Telle serait pour ces trois personnages, si l'on en croit Saint-Simon, l'origine du privilége du chapeau aux audiences des ambassadeurs, privilége qu'on étendit à d'autres dans la suite.

Un littérateur belge qui accompagnait l'ambassadeur d'Espagne, Pierre Colins d'Heetvelde, fit plusieurs autres voyages à Montceaux, où il offrit au Roi un livre de sa composition et des portraits.

Pendant son séjour à la campagne, en cette année 1598, Henri IV approuva la fondation d'un couvent de religieux minimes au village de Fublaines, par Pierre de Poussemie, chanoine de Meaux, et signa les lettres de jussion adressées au Parlement pour vérifier le don du duché de Vendôme à César, fils légitimé de Gabrielle. S'intéressant à ce couvent de Fublaines qu'on apercevait de Montceaux, il amortit les biens de fondation, accorda aux religieux un droit de franc-salé et quelques autres priviléges ; en revanche, les minimes célébraient la messe à son intention et devaient faire « chaque mois le catéchisme à Montceaux et aux environs, pour l'instruction non-seulement de la jeunesse, mais de tout le pauvre peuple de campagne [2] » .

C'est également dans le château de Gabrielle que fut conclu, à la même époque, le mariage de Catherine de Navarre, sœur du Roi, avec Henri de Lorraine, duc de Bar.

Le monarque, dont l'esprit railleur s'exerçait volontiers sur les

---

[1] Le 7 septembre, un Vénitien fut pendu à Meaux pour attentat contre la vie du Roi, à son passage lorsqu'il se rendait à Montceaux.

[2] Rappelé et confirmé par lettres de Louis XIV, au mois de février 1648. (Collection de l'auteur.)

vieilles traditions de la monarchie, ne les laissait pas cependant tomber en désuétude : le 28 juillet, il toucha 1,500 malades des écrouelles, venus pour cette cérémonie. Il était encore là le 27 septembre et reçut les doléances des députés du clergé, ayant à leur tête François de La Guesle, archevêque de Tours. Pendant cette séance, qui se prolongea longtemps, le Roi ressentit un malaise à la suite duquel il tomba gravement malade et fut soigné par Gabrielle jusqu'à son complet rétablissement.

Les courtisans s'efforcèrent d'égayer sa convalescence. De Thermes, grand écuyer et premier gentilhomme de la chambre, organisa un ballet qui fut dansé à Montceaux par des jeunes gens de famille : le comte d'Auvergne, Jainville, Annibal de Schonberg, Sommerive, Gramont, Saint-Luc, Maugiron, le futur maréchal de Bassompierre, alors âgé de dix-neuf ans et que nous retrouverons bientôt au château, pourvu de la capitainerie des chasses. C'est ce dernier qui nous initie aux détails du divertissement donné à la fin d'octobre 1598. « Après que nous eûmes appris le ballet, dit-il [1], nous nous acheminâmes à Monceaux pour le danser. Comme le Roy fut averti que nous y allions, il envoya par les chemins nous dire que, n'ayant point de couvert pour nous loger à Monceaux, qui n'estoit en ce temps-là guères logeable, nous nous devions arrester à Meaux, où il envoyerait le soir mesme six carrosses pour amener avec nous tout l'équipage du ballet. Nous nous habillâmes donc à Meaux et nous mismes avecques la musique, pages et violons, dans les carrosses qui nous avoient menés ou que le Roy nous envoya, et dansâmes le ballet; après quoy, comme nous ôtâmes nos masques, le Roy se leva... »

A ce moment, Bassompierre fut, pour la première fois, présenté à Henri IV et par lui à Gabrielle.

Nous voyons ici que Montceaux « n'estoit guères logeable » — pour une nombreuse société arrivant inopinément, s'entend. C'est qu'en dehors des appartements particuliers de la marquise, où s'étalait un luxe d'ameublement peu commun, et des logements occupés par les habitués — courtisans ou commensaux, — le surplus du château restait vide, sans tentures ni mobilier.

---

[1] *Journal de ma vie*, mém. du maréchal de Bassompierre; Paris, Renouard. 1877, 4 vol. in-8°.

Entre autres commensaux entretenus par Gabrielle, nommons les poëtes des Yveteaux et Porchères-Laugier. Le premier devait être précepteur de ses enfants [1]; quant à Porchères, il composait des ballets pour les « plaisirs nocturnes », dont il se qualifiait intendant, et rimait des sonnets sur les yeux ou les cheveux de la maîtresse du Roi, qui lui comptait en revanche une pension de 1,200 écus.

La faveur de Gabrielle allait toujours grandissant, et les dépenses considérables dont elle était l'objet semblaient d'autant plus choquantes que les guerres civiles et la lutte avec l'Espagne avaient partout répandu la misère. Ses domaines lui constituaient peu à peu un véritable apanage. A Vendeuil, acheté en 1594 de du Plessis-Mornay, à Crécy, à Montceaux, elle joignit la terre de Jaignes, le comté de Beaufort en 1597, les baronnies de Jaucourt et de Loizicourt, provenant de la duchesse de Guise, les terres de Saint-Jean-les-deux-Jumeaux et Montretout en Brie, cédées par Marie Morelet de Museau, femme de René Martineau de Faye, écuyer ordinaire du Roi, — celles de Signy et de Montguichet, qu'elle déclara avoir acquises sous le nom de François de Mainville. La Reine elle-même, Marguerite de Valois, avait dû lui abandonner le duché d'Étampes. Enfin, Henri IV l'ayant mandée au camp d'Amiens, le 5 juillet 1597, l'avait faite duchesse, en lui empruntant le même jour 4,000 écus pour payer ses troupes [2].

Les titres et la fortune singulière de la favorite étaient, selon l'expression d'un biographe, autant de degrés qui la rapprochaient du trône. En 1599, mère de plusieurs princes légitimés et encore enceinte, elle entrevoyait l'instant où elle deviendrait reine de France, car, en dépit des représentations de Sully, de Thou et des gens de la cour préoccupés de la raison d'État, Henri poursuivait la cassation de son mariage avec Marguerite de Valois. Il était décidé à épouser sa maîtresse quand celle-ci mourut subitement, dans la nuit du 9 au 10 avril, après avoir dîné à Paris, chez Sébastien Zamet, le banquier florentin, confident du monarque.

La douleur du Roi fut très-vive, mais de peu de durée; il devait

[1] Il est mort retiré dans un village voisin, à Varreddes, le 9 mars 1649.
[2] *Correspondance et lettres missives de Henri IV*, t. IV, p. 798, 833. — Gabrielle, qui prêtait au Roi, empruntait aussi quelquefois; le 13 mai 1597, elle autorise le sieur de Gouais à prendre hypothèque sur la terre de Montceaux pour 1,515 écus tournois. (Collection d'autogr. d'Hervilly, vendue en avril 1872.)

promptement se consoler auprès d'Henriette d'Entraigues et bientôt songer à épouser Marie de Médicis, fille du grand-duc de Toscane.

Dès le 14 avril 1599, il adresse au lieutenant du bailliage de
Melun des lettres closes l'invitant à inventorier les meubles et
joyaux de Gabrielle qui se trouvaient au château de Fontainebleau ; le lendemain, de semblables lettres sont expédiées au
prévôt de Paris pour l'inventaire des meubles qui étaient dans la
capitale, tant à l'hôtel de la rue Fromenteau que chez madame de
Sourdis ; enfin, les 27 et 28 avril [1], c'est au lieutenant du bailli de
Meaux que le Roi donne des instructions pour ce qui concerne
Montceaux. Ce triple inventaire, dressé avec l'assistance de M. de
Béringhen, premier valet de chambre, fut mené très-activement :
un seul jour suffit à Fontainebleau ; à Paris il dura trois jours, et
quatre jours à Montceaux.

L'inventaire de Montceaux est le plus intéressant ; on y décrit la
somptueuse garde-robe de la défunte, ces meubles de velours
rouge cramoisi que les ordonnances réservaient aux princes du
sang, les lits d'été et les lits d'hiver, les joyaux et bijoux, la vais-
selle plate, le service en nacre de perles, les pièces d'orfévrerie
rehaussées de pierreries, de médailles antiques et de rubis, dont
la prisée fut confiée à trois experts : Jean de Lahaye, orfévre,
Nicolas de Fleury, brodeur du Roi, et Mathieu de Harbanne,
tapissier [2], qui procédèrent en présence de Guillaume de Condren
du Bois, capitaine du château, et de Catherine du Hamel, concierge,
veuve de Mathieu de Beaubrun.

Au milieu de tant d'objets précieux, les tableaux ne comptent
guère, et d'ailleurs ils sont fort rares, en dehors des fresques, des
panneaux et des dessus de portes faisant partie de l'immeuble.
L'inventaire mentionne seulement quatre « tableaux de peinture »,
des sujets de piété : saint Jean, une Madeleine repentie,
Notre-Dame et la Résurrection ; encore est-il déclaré qu'on les

---

[1] M. DE FRÉVILLE, dans sa notice sur cet inventaire, cite à tort la date du 4 mai
1599 pour Montceaux ; c'est celle de l'arrivée à Meaux du courrier porteur de la
première lettre close à l'adresse de Roland Cosset, lieutenant général du bailliage.
Le 6 mai, une seconde lettre du Roi parvenait à R. Cosset, au château de Montceaux, où il poursuivait son opération.

[2] Dès 1538, deux frères Harbanne ou Herbanne (Salomon et Pierre) étaient
tapissiers du Dauphin et chargés de la conservation des tapisseries, meubles et
broderies du château de Fontainebleau,

a apportés du cabinet de Fontainebleau. Ils sont estimés 80 écus.

Ce document a fourni à M. E. de Fréville le sujet d'une étude intéressante, insérée en 1841 dans la Bibliothèque de l'École des chartes, et qui nous dispense d'y revenir plus longuement. Notons cependant que M. de Fréville n'a eu à sa disposition qu'une copie conservée aux Archives nationales; les inventaires originaux étaient restés introuvables jusqu'ici, on les a crus perdus, comme le sont chaque jour encore tant de pièces anciennes, considérées comme indéchiffrables, abandonnées dans quelque coin pendant longtemps et fatalement vouées à la destruction. Par un heureux hasard, il n'en est pas ainsi, au moins en ce qui concerne l'inventaire dressé au château de Montceaux, dont la minute m'est tombée entre les mains, passant inaperçue au milieu de papiers adjugés en lots à la suite d'une vente d'autographes. C'est un cahier de moyen papier de 107 pages, revêtu des signatures authentiques et accompagné des deux lettres closes adressées par Henri IV au lieutenant du bailliage.

L'intérêt historique que présente un tel document me détermine — quoiqu'il fasse bonne figure dans ma collection briarde — à le déposer dans les archives publiques, où sa conservation sera mieux assurée pour l'avenir.

L'inventaire terminé, on vendit quelques objets pour rembourser 10,000 écus que réclamait Zamet; le Roi garda tout le reste au prix d'estimation, c'est-à-dire pour 144,443 écus, non compris la crue du parisis. Des lettres patentes du 25 mai 1600 invitèrent la chambre des comptes à servir une rente de 14,702 écus 53 sols 6 deniers aux héritiers de Gabrielle afin d'éteindre cette dette; après quelque hésitation, les gens des comptes durent passer outre sur le vu de nouvelles lettres du 10 août, dans lesquelles le Roi déclara posséder la totalité du mobilier et avoir même fait déjà accommoder les pierreries et joyaux précieux « pour les mettre en autres œuvres » destinées à sa « chère et très-amée future épouse la princesse Marie, ce qui a épargné autant de dépenses ».

Une partie des meubles fut transportée à Fontainebleau et à Saint-Germain; on ne conserva à Montceaux que le strict nécessaire.

De même, le Roi voulut garder le château, en tenant compte de sa valeur à la succession de la marquise ou plutôt à ses propres

enfants légitimés. César, l'aîné d'entre eux, a porté jusqu'en 1601
le titre de marquis de Montceaux ; mais la même année, voyant
Marie de Médicis sur le point d'accoucher, le Roi lui promit ce
domaine en propre pour le cas où elle lui donnerait un fils. Le
27 septembre, à Fontainebleau, la Reine mit au monde le prince
qui devait être Louis XIII. « Ma femme a gagné Montceaux, écrit-il
alors à Sully [1], puisqu'elle a fait un fils ; c'est pourquoi je vous prie
d'envoyer querir le président Forget, de conférer avec lui sur
cette affaire-là et d'aviser à la sûreté qu'il faut observer pour mes
enfants, donnant ordre que la somme pour laquelle je le prends
soit bien assurée. »

A l'imitation de sa parente Catherine, Marie de Médicis agrandit
son domaine, réunit des terrains au parc, qui fut clos de murs,
puis acheta une ferme de 130 arpents située sur Villemareuil,
joignant les bois de Montceaux [2]. Elle fit installer une petite chapelle neuve au château, restaurer la vieille chapelle de la basse
cour, et chargea Mollet, premier jardinier du Roi, de tracer son
jardin particulier.

Déjà les festins et les réceptions d'autrefois reprenaient leur
entrain ; le château retrouvait son animation passée, grâce à Bassompierre, devenu capitaine des chasses et gouverneur de Montceaux
tout exprès pour y fêter la cour [3]. Dès le mois de juin 1601, le Roi
y avait reçu deux ambassadeurs de la république de Venise : « Je
crois, écrivait-il à ce propos au fidèle Rosny, que les ambassadeurs
estimeront plus la réception privée que je leur ferai en ce lieu,
que si elle se faisait à Paris avec plus de solennité... » Quelques
jours après, madame de Bar et M. de Lorraine y étaient fêtés à
leur tour. Henri IV et la cour restèrent là plusieurs semaines,
assistèrent à la procession de la Fête-Dieu, à Meaux, visitèrent le
couvent de Fublaines. L'année suivante, au mois de septembre,
pendant une de ces réunions de grands seigneurs à la campagne,
le Roi signa l'ordonnance sur le fait des monnaies, qui prescrivit
de compter non plus par écus, mais par livres.

[1] *Mémoires de Sully*, t. III.

[2] C'est la ferme du Grand-Bois-de-Buis, rachetée après Marie de Médicis par
Pierre Desfossez, sieur de Cocolle, lieutenant pour le Roi à Montceaux. Ce Desfossez, marié en 1643 à Marguerite de Bragelongne, est mort au mois de mai
1656.

[3] Voir le journal de Bassompierre, les historiettes de Tallemant des Réaux, etc.

Chaque année les fêtes se renouvelaient. En 1608 elles se pro-
longèrent durant plusieurs mois, du commencement d'août à la
mi-octobre; Henri y amena son beau-frère le duc de Mantoue, à
deux reprises : « On fait bonne chère, constate alors Bassompierre
dans le journal de sa vie, on joue gros jeu et on donne la comédie. »
Le ballet des Dieux marins est représenté plusieurs fois.

Après avoir fait au duc les honneurs de ses palais de Paris et de
Fontainebleau, le monarque avait tenu, selon le chroniqueur Les-
toille, à « le contenter de ses belles maisons des champs non
moindres en superbe et magnificence que ses villes, et le prou-
mener à Mousseaux, Saint-Germain et autres lieux de plaisance
qu'il a fait accommoder des plus exquises raretés et singularités
qui se puissent voir ».

Marie de Médicis entretenait des chantiers ouverts à Montceaux.
Pierre Forget, son superintendant des bâtiments, reconstruisait
alors pour lui-même le château de Fresnes et délaissait sans doute
la surveillance des travaux de la Reine; elle choisit en cette même
année 1608, pour y veiller de plus près, Guillaume de Condren,
sieur du Bois, resté capitaine du château après la mort de Gabrielle.
Condren, — protestant, dont le fils devint général des Oratoriens et
fonda le collége de Juilly, — était un vieux serviteur estimé du
Roi. La Reine eut encore recours à lui pour tâcher d'accroître le
village de Montceaux, où il n'existait qu'une cinquantaine de maisons. « Afin d'enrichir ce lieu et aussi pour la commodité du logement de la cour et suite du Roi et de la Reine », elle l'autorisa à
concéder, moyennant de menus cens, des places à bâtir à tous ceux
qui en désireraient; la seule condition imposée était d'élever des
constructions dans le délai d'un an ou deux, sur les emplacements
ainsi abandonnés [1].

On y bâtit en effet, et l'on vit tout à coup s'établir dans ce village
une fabrique de plâtre, des maîtres maçons, couvreurs, carriers,
charpentiers, menuisiers.

Les fréquents voyages de la cour, les fêtes, les travaux perma-
nents ne laissaient pas d'être très-profitables aux habitants; aussi,
quand la paroisse de Trilport, dont Montceaux n'était qu'une
dépendance, fit réparer son église et refondre ses cloches, en 1615,

---

[1] Brevet du 27 décembre 1608. (Collection de l'auteur.)

les gens du hameau s'opposèrent à la vente des terres de la fabrique pour payer la dépense, préférant contribuer eux-mêmes en deniers comptants.

Le poignard de Ravaillac, en faisant disparaître le plus populaire et le plus français des rois de France, selon l'expression de M. Henri Martin, avait jeté le pays dans de nouveaux embarras. Marie de Médicis, sans souci de la situation, laissait le soin de gouverner l'État au Florentin Concini, dont la faveur irritait les grands et livrait la cour aux désordres des factions. Bassompierre raconte qu'il vint, après Pâques 1613, trouver la Reine à Montceaux, où, dit-il, « nous passions bien le temps » .

Le superintendant des bâtiments Forget mourut alors. Bassompierre joignit cette charge à celles qu'il tenait déjà, Guillaume de Condren conservant seulement la surveillance des travaux. Les choses étaient ainsi établies quand Louis XIII, âgé de quatorze ans, sortant des mains de ses précepteurs des Yveteaux et Lefebvre, épousa Anne d'Autriche, en 1615. Les intrigues d'une régence orageuse et tracassière allaient se dénouer d'une façon violente : en 1617, Concini, devenu maréchal d'Ancre, tombe assassiné, tandis que la Reine mère est exilée à Blois.

Pendant ces trois années 1615, 1616, 1617, Marie de Médicis avait dépensé à Montceaux une centaine de mille livres, dont le compte se trouve aux Archives nationales[1]. C'est alors qu'apparaît pour la première fois le nom de l'architecte Salomon de Brosse, à propos de ce château.

On avait travaillé à la basse-cour, à la capitainerie neuve, aux terrasses; on avait construit un jeu de paume avec le pavillon appelé le tripot, creusé un fossé de 59 toises de long sur 3 de large pour séparer le château de la basse-cour; il avait fallu réparer les remises, « sous la terrasse de la chapelle neuve, pour serrer les petits carrosses de la Reine », — bâtir des écuries à la ferme, dans le bourg de Montceaux[2]; enfin, construire à la halle du

---

[1] Registre coté KK 193. — Un brevet de Louis XIII, du 10 août 1616, avait accordé 72,000 livres à la Reine mère pour Montceaux. (Collect. d'autogr. Pécard, vendue en 1873.)

[2] Cette ferme peu importante était exploitée au compte de la Reine. L'inventaire après le décès de Gabrielle d'Estrées prouve que, déjà de son temps, il y avait là des bestiaux, qu'elle confiait aux gens du village pour les aider à cultiver.

bourg « un plaidoyer avec prison », la vieille prison sous la chapelle de la basse-cour tombant en ruine.

Les ouvriers employés à ces ouvrages sont : Sébastien Jacquet et Charles du Ry, maîtres maçons de Paris ; Étienne Regnault, couvreur ; Pierre Fourault, tailleur de pierres ; Dufourmentel, charpentier ; Jacques Lemoine et Lallemant, menuisiers, tous de Montceaux. La plomberie est confiée à Jacques Passard, marchand bourgeois de Paris ; les vitriers Gilles Coppeau et Jacob Troublé, de Meaux, réparent un peu partout les panneaux endommagés, dans la chambre et la grande salle du Roi, dans la chambre de la Reine, dans celles de Monsieur, du premier gentilhomme, de M. de Luynes, dans les pavillons du secrétaire d'État, de M. de Vendôme, de M. de Villeroy, de M. de Gesvres, de M. Zamet, de madame de Guise, dans la chambre du P. Arnoux, confesseur de la Reine mère, dans la salle de bal, à la chapelle de la vieille basse-cour, « où l'on dit la messe ».

Les ordonnances de payement étaient délivrées soit par l'architecte de Brosse, soit par Barbin, intendant des finances de Marie de Médicis. Quant aux ordres relatifs aux travaux, c'était tantôt Bassompierre qui les donnait, tantôt le sieur de Naberat, son lieutenant [1], parfois aussi Condren ou Claude Narbonne, ce dernier, « commis aux menues affaires ès bâtiments [2] ».

Le compte où nous puisons ces renseignements relate le payement des gages d'officiers ; nous y voyons qu'en 1615 on payait au château de Montceaux :

A Guillaume de Condren, capitaine, ayant charge des bâtiments, 1,200 livres tournois ;

A Louis de Limoges, jardinier du parc, 630 livres, plus 528 livres pour l'entretènement de quatre hommes ;

A Jehan Marchant, jardinier du haut jardin de la Reine, 500 livres ;

A Santi Vallerani, jardinier du Roi et de la Reine, 500 livres ;

A Catherine Duhamel, concierge et garde-meubles, mariée à Nicolas de Lyvet, chantre ordinaire et valet de chambre du Roi, 200 livres ;

A Claudine Corimbert, femme de Nicolas Sollier, concierge de

[1] Laurent de Naberat était l'intendant de Bassompierre ; il garda ce poste de 1607 à 1630, date de son décès.

[2] Narbonne, d'abord garde-chasse, était devenu aussi greffier de la capitainerie.

la ménagerie de la Reine mère tant à Montceaux qu'à Saint-Jean-les-deux-Jumeaux, 48 livres tournois;

A Claude Masson, concierge de la basse-cour (et archer de la prévôté de l'hôtel du Roi), 100 livres;

A Salomon de Brosse, architecte général des bâtiments du Roi et de la Reine mère, 300 livres [1].

Bassompierre ne figure pas dans ce rôle; il était payé comme colonel des Suisses depuis 1614 et fut fait grand maître de l'artillerie en 1617. Sa bravoure, son esprit, sa galanterie, son goût pour la dépense, la protection qu'il accordait aux lettrés, lui avaient créé une situation à part parmi les gens de cour. Quand il n'était plus à la tête de ses troupes, il arrivait à Montceaux, y traitait les princes et les beaux esprits, la Reine mère et madame de Rambouillet, les poëtes Chapelain, Gombault, Maynard, Malleville, ce dernier son secrétaire et son ami fidèle à l'heure de la disgrâce.

Le jeune monarque venait aussi assez fréquemment promener son ennui et sa nullité dans ce château, où Bassompierre rentrait toujours à temps pour combattre sa mélancolie par des divertissements nouveaux. Vers la mi-août 1618 il lui donna un carrousel et des fêtes : « Je le reçus si magnifiquement que rien plus, dit-il; le Roi demeura ici dix-sept jours, qui me coûtèrent 10,000 écus. »

Au mois de septembre, Louis XIII, ayant passé quelques jours à Lagny, regagne Montceaux; les membres de son conseil y arrivent avec une suite nombreuse, dont partie dut se loger à Meaux, et le 23 il y eut, en l'honneur d'un ambassadeur du Grand Turc, une réception de gala dont le récit est consigné dans une brochure du temps [2].

A partir de 1618, Salomon de Brosse ne touche plus rien à Montceaux. Le trésorier de l'épargne ne pourvoit plus aux dépenses depuis l'éloignement de la Reine mère; une somme de 2,150 livres tournois versée chaque année par Louis Belhomme, receveur et amodiateur de la seigneurie, est seulement employée à quelques réparations d'entretien que Claude Narbonne commande et surveille. Pourtant des ouvrages plus importants eussent été utiles,

---

[1] Il est appelé tour à tour, dans le compte de 1615-1617, de Brousse, de la Brosse et Salomon de Brosse.

[2] *Réception d'un ambassadeur turc. Discours sur le sujet de l'ambassade du Grand Turc, envoyée au très-chrestien roi de France et de Navarre, ensemble la réception d'iceluy faite à la maison royale de Montceaux, le dimanche 23 septembre 1618. Broch. in-8o (s. l. n. d.).*

puisqu'en 1619 on dut étayer les poutres de plusieurs chambres [1].

L'architecte de Brosse, comme on voit, n'eut guère l'occasion de déployer son talent pendant son court passage à Montceaux ; mais il élevait alors dans la Brie un autre château vraiment remarquable, qui n'eut qu'une durée éphémère et dont les biographes ne parlent pas : c'est celui de Coulommiers, où il s'est montré, comme au Luxembourg, « le meilleur représentant de ce style tout français qui a fait époque dans l'art de bâtir, le style Louis XIII [2] ».

L'exil de Marie de Médicis n'avait pas interrompu les coûteuses réceptions inaugurées par Bassompierre. Au commencement de novembre 1619, la cour passa quinze jours à Montceaux tout en fêtes ; le 10, le Roi donne 600 livres aux Minimes de « Feublaynes-lez-Montceaux » pour achever leur cloître [3], ainsi qu'il était d'usage depuis plusieurs années. Le même jour, il signe les lettres par lesquelles son favori Charles d'Albert devient duc de Luynes.

Le favori s'éteignit peu après, et la paix se rétablit avec la Reine mère, qui put revoir Montceaux. Malgré les brigues de Condé, Marie de Médicis reprit sa place à la tête du conseil, guidée par Richelieu qu'elle fit nommer cardinal et ministre d'État ; elle s'était donné un maître, une nouvelle lutte recommença, dans laquelle le ministre eut le dessus, et Richelieu, en imposant au faible monarque par la grandeur de ses idées, put régner lui-même pendant une période de dix-huit ans.

Cependant on retrouve Marie de Médicis à Montceaux au mois d'octobre 1627 ; elle visite le prieuré de Saint-Fiacre et se rend à Jouarre pour assister à l'ouverture des tombeaux renfermés dans la crypte mérovingienne. Au mois de janvier suivant, elle reçoit encore dans son château l'échevin de Meaux Chalemot, chargé par le maréchal de Vitry, gouverneur de la ville, de lui transmettre « des avis importants ».

C'est là aussi que Louis XIII signa l'érection de la terre de Richelieu en duché-pairie, au mois d'août 1631. Il y venait régulièrement pendant les mois de juillet et d'août avec Anne d'Autriche ; en 1633, Richelieu les accompagne ; en 1634, ils y sont

---

[1] Archives nationales, KK. 193.

[2] M. Ch. READ, *Étude sur Salomon de Brosse. Mém. de la Société des Antiquaires de France,* 1880.

[3] Vente d'autogr., Pécard, 1873. — Arch. nation., reg. KK, 193.

encore à la mi-septembre, et le Roi passe ses mousquetaires en revue dans la plaine de Trilport.

A cette époque, les réceptions étaient sans éclat, les fêtes devenaient rares; la Reine mère avait repris le chemin de l'exil, et Bassompierre n'est plus là depuis dix ans : Luynes et Richelieu, voulant l'éloigner de la cour, en avaient fait un ambassadeur. Le gouverneur du château était alors Louis de Vieupont, un vieillard qui mourut à son poste le 18 novembre 1637, et fut remplacé par son parent Louis Potier, marquis de Gesvres, jeune et vaillant soldat, tué à trente-trois ans, au siége de Thionville (4 août 1645).

A leur tour, Marie de Médicis et Richelieu avaient disparu de ce monde; Louis XIII était mort également le 14 mai 1643, laissant son fils âgé de cinq ans. Anne d'Autriche avait pris la régence, et Mazarin gouvernait.

Montceaux, amoindri et réuni au domaine de la couronne [1], est plus abandonné que jamais. Sa capitainerie passe, en 1645, du marquis de Gesvres à Léon Potier, comte, puis duc de Tresme [2], pair de France, tandis que la Reine accorde à Jean Berger, son premier valet de chambre, « le revenu du marquisat de Montceaux, avec le fief de Trilport, consistant en cens, rentes, amendes, lods et ventes [3] ».

Les troupes de la Fronde pèsent sur la Brie; les passages de troupes ruinent les campagnes; en 1648, le bailli de Meaux ordonne la levée de 1,300 livres sur les trente principaux habitants inscrits au taillon du bourg de Montceaux. Quelques années après, une enquête établit que, du 10 au 15 mars 1652, on y a logé plus de 3,000 soldats, et qu'il y en eut autant dans les villages d'alentour, à Trilport, Saint-Jean, Saint-Fiacre, Monthyon, Fublaines; c'étaient les régiments allemands conduits par les sieurs de Nettancourt, de

[1] A la mort de Marie de Médicis, les commissaires, députés par le Roi pour la liquidation de ses dettes et de ses biens, firent vendre des fiefs annexés à Montceaux à diverses époques. Le 18 juillet 1644 eut lieu cette adjudication : Saint-Jean-les-deux-Jumeaux, le fief de Brunoy près Étrépilly, la seigneurie de Pierre-Levée en partie, les bois Chaudron et Verdelot, le moulin à vent banal, les étangs, etc., passèrent alors à Henri de Guénégaud, qui revendit le tout au duc d'Elbeuf, seigneur de Villemareuil, le 28 mars 1654. (Contrat devant Billard, notaire à Paris.)

[2] Tresme, château dans le voisinage de Gesvres, au nord de Meaux; il a été rebâti par Mansard et érigé en duché-pairie en 1648.

[3] Brevet du 2 juillet 1645. Le donataire exerça la justice, qui cessa d'être une prévôté royale.

Bazancòurt, de Hédac, la cavalerie française des régiments de Bussy-Lameth, de Fougerolles, de Grandpré, de Barusse, de Turenne. Partout les vignerons avaient emporté leur vin, autant qu'ils l'avaient pu, mais les gens de guerre avaient pillé tout le reste, pris chevaux et hardes, brisé ou brûlé les meubles, battu les habitants et commis d'incroyables cruautés [1].

Quand le calme revint, le concessionnaire des droits seigneuriaux de Montceaux fit renouveler son privilége, non-seulement pour lui, mais pour sa femme, pour sa fille mariée à Jean Dubuisson, maître d'hôtel ordinaire de la Reine, et même pour leur postérité à venir [2].

La concession, bien entendu, ne s'étendait pas au château, réservé comme résidence royale.

Depuis trente ans, les grosses réparations des bâtiments étaient négligées, quand Colbert songea à prévenir leur ruine. Le 26 avril 1665, il adressa à ce sujet des instructions à Chamois, l'un des ingénieurs-architectes du Roi : « Le sieur Chamois, dit-il, étant désigné pour prendre soin de divers ouvrages concernant les ponts et chaussées et autres ouvrages du royaume, commencera sa visite par le chasteau de Montceaux, où estant arrivé, il fera un procès-verbal exact de toutes les réparations qui seront à faire pour le maintenir en bon estat et de toutes celles qu'il faudra faire pour son entreténement. Surtout il visitera la couverture et la charpenterie, et comme il faut travailler à ces deux sortes d'ouvrages sans retardement, il mènera avec luy quelque habile couvreur de Paris, ou en prendra un à Meaux... avec lequel il fera marché sur-le-champ... » En note, Colbert ajoute : « Il faut luy (à M. Chamois) donner une lettre pour M. le duc de Tresme, qui est surintendant des bâtiments de Montceaux, afin qu'il prenne ses ordres. On lui écrira par avance. »

Le duc de Tresme ne devait pas garder longtemps la haute direction des travaux qu'on allait exécuter. Le grand Colbert, doté déjà depuis 1664 de la charge de surintendant général des bâti-

---

[1] Arch. de Seine-et-Marne; baill. de Meaux, pièces judiciaires.
[2] Brevets des 30 juillet 1654 et 15 mai 1660. — Dans la deuxième moitié du dix-huitième siècle, Charles Canelle, magistrat meldois, héritier par alliance des Dubuisson, était encore usufruitier et engagiste de ce domaine, dont le meilleur produit provenait du péage perçu au pont de Trilport, lequel rapportait 2 à 3,000 livres.

ments, arts, tapisseries et manufactures du royaume, à laquelle était unie celle d'ordonnateur général des bâtiments de Fontainebleau, trouva bon d'y joindre encore la surintendance des travaux de Montceaux. Des lettres royales lui furent expédiées à cet effet, le 27 mai 1670. La surintendance générale lui valait 40,000 livres, celle de Montceaux n'ajoutait que 2,400 livres à cette somme, mais le tout fut assuré en survivance à son fils Colbert d'Ormoy [1].

Le duc de Tresme resta gouverneur et capitaine des chasses. A côté de sa capitainerie, il en existait une autre pour la varenne de Meaux, dont le marquis de Vitry, fils cadet du maréchal, était titulaire; Vitry se démit, et sa charge fut donnée au duc de Tresme, à titre de compensation (acte du 19 avril 1670). Un peu plus tard, ces deux capitaineries devaient être définitivement réunies [2].

Les travaux entrepris après la visite de l'ingénieur Chamois se poursuivirent pendant plusieurs années. Dès 1665, on dépensa 15,000 livres pour les toitures, puis on remit les pavillons en état, on construisit des écuries et des chenils pour les équipages de chasse.

Le 23 mars 1667, Colbert ordonna « à tous marchands, ou propriétaires de carrières où il se trouvera de la pierre de Monbénart [3] et autres propres pour employer au chasteau royal de Monceaux, de fournir et livrer par préférence à Pierre Fourault, maçon entrepreneur de la maçonnerie dudict chasteau, la quantité de pierre qu'il aura besoin... en payant le prix accoustumé; mesmes aux propriétaires des héritages ausquels il pourra y avoir de ladite pierre, de souffrir que Fourault fasse travailler et tirer ladite pierre, en les dédommageant... Et au cas de refus ou empeschement par les marchands et propriétaires de carrières, ils y seront contraincts par toutes voyes dues et raisonnables, estant pour le service de Sa Majesté [4]. »

En 1668, le maçon Pierre Fourault, le charpentier Jean Fourault, le couvreur Nicolas Duval touchent d'abord 15,200 livres,

---

[1] *Correspondance de Colbert*, V, p. 449. — Reg. des bâtiments du Roi pour 1680.

[2] Édit de septembre 1691.

[3] Monbénart, hameau, comm. de Maisoncelles, canton de Coulommiers.

[4] Collection de l'auteur.

puis 9,594 livres 13 sols 4 den. pour parfait payement de leurs travaux.

Les années suivantes, on se borna à entretenir ; mais bientôt les restaurations reprennent leur cours. N'oublions pas de noter une dépense inscrite au compte de 1679-1680 : c'est le payement de 2,000 livres à Israël Silvestre, pour quatre planches gravées représentant le château, le jardin de Montceaux et le marais du petit parc.

Tout en conservant son ancien titre de marquisat, ce domaine avait singulièrement perdu de son prestige. Et pourtant, le duc de Gesvres y multipliait les chasses à courre, y étalait, comme à son château de Tresme, son goût pour les chevaux, les équipages sans cesse renouvelés, les valets à livrée et ce singulier luxe de vêtements qui le rendit quelque peu ridicule dans sa vieillesse, en jetant le désordre dans ses affaires.

Les chasses attiraient encore quelques courtisans à la capitainerie ; Henri le Noble, ancien secrétaire de la Reine mère, et Pierre de Francini, maître d'hôtel ordinaire du Roi, s'étaient fait construire des maisons de plaisance dans le village de Montceaux, de 1670 à 1680 ; mais le château restait fermé. A peine Louis XIV s'y arrête-t-il, le 5 juin 1683, au mois de juillet suivant, le 10 mai et le 6 juin 1687, lorsqu'il va dans l'Est ou en revient. Toujours il part à la hâte pour continuer sa route ou pour visiter Bossuet à Germigny-l'Évêque.

En 1704 [1] le vieux duc de Gesvres mourut, dit Saint-Simon, et délivra sa famille d'un cruel fléau ; il n'avait songé qu'à ruiner ses enfants, et il y avait réussi... Le duc de Tresme, son fils, assuré depuis longtemps de la survivance de sa charge à Montceaux, lui succéda ; il eut le lendemain le gouvernement de Paris.

Le village de Montceaux, qui s'était élevé de cinquante feux à quatre-vingt-dix-huit au temps de Marie de Médicis, n'avait toujours pas le titre de paroisse. La chapelle de la basse-cour, dotée de 150 livres de revenu, était desservie tant bien que mal par l'aumônier de la capitainerie et ouverte aux habitants ; ceux-ci n'étaient pas satisfaits ; en 1708, ils sollicitèrent du Roi la cession

---

[1] A cette date, on exécuta encore quelques réparations au château, sous la direction de Pierre Texier, dit Luche, inspecteur des bâtiments du Roi.

de cet oratoire et son érection en église paroissiale. Il fallut l'assentiment des chanoines de Meaux, gros décimateurs sur le territoire. Enfin, le 25 septembre 1710, le cardinal de Bissy, évêque diocésain, érigea Montceaux en cure, avec un périmètre distrait des paroisses de Trilport et de Saint-Jean-les-deux-Jumeaux ; un brevet signé par Louis XIV au mois de décembre suivant ratifia la décision de l'évêque.

Mais la cure resta pauvre. En 1733, le desservant exposait sa misère, faisant valoir qu'un revenu de 400 livres était insuffisant pour vivre honnêtement dans une « paroisse royale [1], où viennent nombreux et grands personnages de la suite de la cour, et où les vivres sont d'extrême cherté ». Des lettres patentes données à Fontainebleau, au mois d'octobre de la même année, autorisèrent la réunion à cette cure de la chapelle sacerdotale de l'ancien château royal de Vivier en Brie, qui valait 600 livres. Le cardinal de Bissy opéra cette réunion, en maintenant au Vivier un vicaire dépendant de la paroisse de Fontenay, auquel le curé de Montceaux dut servir un fixe de 300 livres par an.

Le gouvernement du château et la capitainerie des chasses étaient beaucoup moins recherchés qu'autrefois; cependant, en 1719, le fils du duc de Gesvres n'avait pas consenti à s'en dessaisir au profit du comte d'Évreux [2], sans exiger une somme considérable et sans se réserver la survivance. Louis de la Tour-d'Auvergne, comte d'Évreux, colonel général de la cavalerie légère, lieutenant général en l'Ile-de-France, était un grand seigneur sans fortune qui, en épousant la fille du banquier Crozat, dotée de 500,000 écus, avait pu acheter le gouvernement de l'Ile-de-France et la capitainerie de Montceaux, sauf à vivre ensuite séparé de sa femme. Tenu par ses contemporains pour un singulier personnage, le nouveau gouverneur s'intéressait pourtant aux gens de Montceaux, secourait les malheureux, se mêlait aux fêtes champêtres, encourageait les plus habiles à tirer au fusil et leur offrait des prix ; il combattait aussi très-vivement pour les prérogatives de sa charge, et il soutint, à propos de la capitainerie, contre le cardinal de Bissy, des procès qui ont donné lieu à une vingtaine de mémoires imprimés.

---

[1] Le Roi nommait à la cure, sur la présentation du gouverneur du château.
[2] Brevet du Roi du 9 octobre 1719.

La liste des officiers et employés placés sous ses ordres au château [1] nous fournit deux noms qui méritent d'être notés au passage. Le contrôleur des bâtiments était Jules-Michel Hardouin, neveu de Mansard, qui recevait 1,000 livres de gages, outre son logement. Le concierge-garde-meubles, Henri-Charles de Beaubrun, était un peintre du Roi.

Les Beaubrun occupaient ce modeste emploi depuis la fin du seizième siècle; originaires du Forez et implantés à Amboise, ils étaient peintres de père en fils. Le premier qui vint à la conciergerie de Montceaux est Mathieu, peintre et valet de chambre de Henri IV, après avoir débuté comme page du marquis d'Urfé; il y est mort à soixante-douze ans, en 1597, laissant treize garçons et plusieurs filles. Sa seconde femme, Catherine Du Hamel, conserva la conciergerie et épousa ensuite Nicolas de Lyvet, musicien de la chapelle et de la chambre du Roi. De Lyvet mourut à Meaux, en 1621, âgé de quatre-vingt-deux ans; Catherine Du Hamel le suivit de près : leurs épitaphes se trouvent dans l'église de Trilport.

Un des fils de Mathieu de Beaubrun, prénommé comme lui et également peintre du Roi, arriva alors à Montceaux; ensuite, sa fille Élisabeth obtint la conciergerie, et enfin le 17 janvier 1677, Charles-Henri de Beaubrun avait eu le brevet de concierge-garde-meubles, « en considération des services rendus par sa tante Élisabeth ». Fils et neveu de deux membres de l'Académie de peinture qui travaillaient en commun et ont laissé de bons portraits de Marie-Thérèse, de la duchesse de Nemours, de Jeanne-Baptiste de Savoie, il devint lui-même peintre de Sa Majesté et a conservé son poste de Montceaux pendant plus de cinquante ans : il était encore là au temps du roi Louis XV.

Ce monarque ne fréquentait pas plus que son prédécesseur le château bâti par Catherine de Médicis.

Le comte d'Évreux mourut le 20 janvier 1753, dans l'exercice de sa double charge de gouverneur et de capitaine des chasses [2]; on vit alors revenir à Montceaux, pour lui succéder, le duc de Tresme, marquis de Gesvres et baron de Montjay, lieutenant

---

[1] Cette liste comprend douze personnes, sans compter les gardes de la capitainerie, dont le nombre avait été porté de quatre à douze par Louis XIII, en 1638.

[2] Il avait soixante-dix-huit ans et demi. Son épitaphe, à la maison professe des Jésuites de Paris, le qualifiait de très-haut, très-puissant et très-illustre prince.

général, qui célébra son installation le 14 octobre de la même année. Le duc d'Orléans assista au *Te Deum* chanté par l'évêque de Meaux et les musiciens de la cathédrale, dans la chapelle du château, artistement décorée; il y eut dîner, concert, feu d'artifice et des divertissements dont la *Gazette de France* rendit compte au public.

Le 19 mars 1758, le Roi accorda au marquis de Gesvres, le fils, à l'occasion de son mariage, la survivance des mêmes charges, ainsi que du gouvernement de l'Ile-de-France et du brevet de retenue de 50,000 écus dont jouissait son père. Louis-Joachim-Paris Potier, devenu à son tour duc de Gesvres et pair de France, était là à la chute de la royauté; il périt dans la tourmente révolutionnaire (juillet 1794).

Non-seulement Louis XV ne vint jamais à Montceaux, mais il avait engagé ce château à Louis-François-Joseph de Bourbon, comte de la Marche, plus tard prince de Conti, grand amateur de chasses, qui fit restaurer l'un des pavillons par son architecte Cretté[1]. Déjà possesseur dans les environs des seigneuries de Saint-Pathus, d'Oissery, de Forfry et du Plessis-Belleville, le prince n'occupa pas les appartements d'honneur, d'où la plupart des meubles, toutes les tapisseries et les objets d'art étaient enlevés; il se contenta du pavillon restauré, — celui qu'on réservait aux ministres sous Henri IV, — et d'une partie des bâtiments du gouvernement, pour loger ses officiers, car il s'était monté une maison, où les Meldois occupaient un rang distingué : Chabouillé de Brumiers, lieutenant du bailliage de Meaux, était secrétaire de ses commandements; Augustin Des Graviers, son conseiller intime; Bigeon de Courcy, son lieutenant des chasses; le comte de la Myre-Mory, seigneur de Congis, son capitaine des gardes, etc.

Esprit mobile, il fut l'un des premiers à émigrer en 1789, puis rentra en France et prêta le serment civique, ce qui ne l'empêcha pas d'être arrêté, déporté et de voir ses biens confisqués; du moins il eut la vie sauve.

En l'an II, le château de Montceaux était devenu propriété

[1] Les équipages de chasse du comte de la Marche ont été installés à Montceaux en 1765; le grand et le petit parc, qui avaient d'abord été réservés, lui furent concédés seulement en 1784, moyennant une redevance envers le Trésor, une rente au curé et la charge d'entretien de l'église.

nationale. En fructidor, des prisonniers de guerre occupent les bâtiments dits du gouvernement, et la commune obtient la jouissance de la ci-devant église pour tenir les séances de sa société populaire.

Bientôt on procéda à l'adjudication des meubles laissés par « Joseph Capet, ci-devant Conti » ; commencée le 1er pluviôse an III, cette opération dura vingt-cinq jours et produisit 56,549 livres 5 sols. Le procès-verbal de vente offre peu d'intérêt ; l'ameublement ne laisse pas deviner son ancienne splendeur, tout au plus un billard, des tapisseries des Gobelins à personnages, un nombre considérable de lits des formes les plus variées, indiquent qu'il ne s'agit pas d'une habitation vulgaire. Un meuble de chambre à coucher en velours noir bordé en chenille et enrichi de larges bandes d'or, prisé 10,000 livres, avait été excepté de la vente et envoyé à Paris avec les plombs, les cuivres et les objets de literie propres au service de l'armée [1].

Point de bibliothèque, pas un tableau, pas une statue !

On passa ensuite à la vente nationale des immeubles.

Sauf la première façade donnant sur l'avant-cour, à demi ruinée depuis longtemps, ainsi que le pavillon dit des Plaisirs, le château était resté tel que nous l'avons décrit [2].

Le 29 thermidor an IV, eut lieu à Melun la vente aux enchères

[1] Arch. de Seine-et-Marne, G¹, 70.

[2] C'est à tort que, dans sa belle publication sur les *Monuments de Seine-et-Marne*, avec dessins de M. Ch. Fichot, M. Aufauvre dit qu'au moment de la vente nationale, il n'y avait plus que des ruines à Montceaux, et que l'acquéreur n'eut rien à faire pour détruire le château.

L'architecte Clicquot, chargé de l'expertise préalable à la vente, a fait en l'an V la description détaillée des trois corps de logis qui composaient alors le château proprement dit ; il débute en constatant assez naïvement que cette construction, *quoique fort ancienne, est d'architecture moderne* (c'est-à-dire n'ayant pas le caractère féodal) ; il parle ensuite de la ruine de la première façade et atteste le bon état du surplus, *de la plus grande solidité pour les murs et la charpente*. Il mentionne successivement les appartements, la galerie du premier étage avec ses croisées à panneaux de plomb, la salle de comédie, les pavillons, les annexes, le grand parc de 101 arpents 43 perches, avec son étang d'un arpent 89 perches, le petit parc de 70 arpents, l'esplanade de 14 à 15 toises contournant le château, les fossés d'enceinte remplacés sur le quatrième côté par une terrasse très-élevée ; puis viennent les jardins Mollet et Lucien, les allées vertes, l'allée Verdelot, la fontaine, etc. (Arch. de Seine-et-Marne ; U⁶, 64.)

Il existe aussi aux Archives de Seine-et-Marne un excellent plan du château et de ses dépendances dressé au dix-huitième siècle par Matis.

VUE DES RUINES DU CHATEAU DE MONTCEAUX.

de la capitainerie, confisquée sur la liste civile; Jean-Pierre Prévôt, marchand de bois à Montceaux, s'en rendit acquéreur au prix de 9,506 livres.

Le château et les parcs ne furent mis en adjudication que deux ans après. On avait préparé une division de la propriété en plusieurs lots, et l'estimation totale de 130,297 livres 12 sols n'avait rien d'exagéré; mais les lots furent réunis au moment des enchères et adjugés définitivement, le 19 ventôse an VI, à Jean-Marie Caillat, armateur à Paris, moyennant 2,103,200 francs payables pour la plus forte part (2,054,338 francs 40 c.) en bons mobilisés de la dette publique.

La chapelle, où les officiers municipaux se livraient alors à « la lecture des lois », et le logement du chapelain, servant d'école, avaient été distraits de la vente.

C'en était fait de l'œuvre du Primatice.

L'acquéreur y mit immédiatement la pioche, pour tirer parti des matériaux. Comme il ne s'était pas entièrement libéré, le domaine intervint, un procès-verbal du 11 floréal an VI constate que déjà des plombs sont enlevés, qu'il s'en trouve encore 50,000 livres pesant dans l'avant-cour, que les couvertures sont à jour, les galeries décarrelées, les fers des soupiraux arrachés. Sans doute le prix d'acquisition fut promptement soldé, car la démolition, un instant suspendue, était terminée quelques mois plus tard et, le 4 thermidor de la même année, Caillat cédait le grand parc à madame veuve Baticle [1].

Il ne restait plus que des débris mutilés de murailles, un fragment de colonnade sculptée, des fûts brisés, le pavillon Conti, un reste d'escalier dont la voûte gardait les chiffres de Gabrielle et du Béarnais.

Les fossés d'autrefois, tapissés maintenant de verdure, sont toujours là. Quelques-uns des derniers vestiges abandonnés par le démolisseur Caillat et pieusement respectés par le propriétaire actuel, semblent restés debout pour déterminer le périmètre qu'occupait le château sur les quatre faces de la cour intérieure.

Ces ruines sont saisissantes encore dans leur désolation.

Ici c'est un tronçon de pilastre, là se dresse isolée une porte for-

[1] Contrat devant Gasche, notaire à Paris.

mée de deux jolies colonnes cannelées, qui s'élancent élégamment jusqu'aux chapiteaux, dont le feuillage est finement fouillé dans la pierre. On retrouve un fragment du pavillon carré qui occupait le milieu de la première façade, « dont on voit s'allonger quatre arcades bossagées depuis les piédroits jusqu'au claveau de l'arc. Une porte cintrée, surmontée d'un écu soutenu par deux génies, et une fenêtre en plein cintre, s'ouvrent au centre d'une façade épaulée et décorée de quatre colonnes richement ornées de cannelures le long du fût, et de chapiteaux composites où s'épanouissent toutes les fantaisies fleuries de la Renaissance [1]. »

Plus loin est un pavillon d'angle, dont la base descend au fond du fossé. Enfin, une partie de l'ancien gouvernement, — attenant à l'église, toujours enfermée dans la propriété, — a été restaurée pour servir d'habitation au châtelain actuel de Montceaux.

C'est tout ce qui reste de la demeure de Catherine de Médicis et de Gabrielle, — un souvenir. Ce château a disparu comme ont disparu dans la contrée ceux d'Antoine Duprat à Nantouillet, de la grande Mademoiselle à Bois-le-Vicomte, de Daguesseau à Fresnes, des Rouillé au Plessis-aux-Bois, des Longueville à Coulommiers, autant de chefs-d'œuvre d'architecture et de sculpture, dont les beautés artistiques n'ont pu trouver grâce devant la spéculation.

[1] Aufauvre, *Monuments de Seine-et-Marne.*

PARIS. — TYPOGRAPHIE DE E. PLON, NOURRIT ET Cie, 8, RUE GARANCIÈRE.

LIBRAIRIE A. LE BLONDEL

Dernières publications de l'auteur :

LE MARIAGE DE LOUIS XV A FONTAINEBLEAU, notice historique suivie d'une relation manuscrite du temps. Broch. in-12 de 47 p. 2 fr. 50

LE CHATEAU DE CRAMAYEL ET SON THÉATRE DE SOCIÉTÉ; mémoire lu à la Sorbonne en 1882. Paris, Plon, in-8° . . . . . 1 fr. 50

HÉGÉSIPPE MOREAU ET SON DIOGÈNE. Paris, Charavay Frères, éditeurs, 1 vol. in-32, portr. à l'eau-forte; papier de Hollande, 20 fr.; papier teinté . . . . 5 fr.

BEAUREPAIRE (DE COULOMMIERS) COMMANDANT DE VERDUN EN 1792; Meaux, Le Blondel, 1884, broch. in-18. Papier vergé. . 2 fr.

GÉOGRAPHIE DE SEINE-ET-MARNE A L'USAGE DES ÉCOLES; nouvelle édition, avec carte et grav. Meaux, Le Blondel, 1 vol. in-12 cart . . . . 1 fr. 50

SOUS PRESSE :

RECHERCHES HISTORIQUES SUR L'ENSEIGNEMENT PRIMAIRE DANS LA BRIE, in-8°.

MEAUX. — IMP. LE BLONDEL.

Imprimé en France
FROC020847290220
23563FR00010B/132

9 782011 170521